Jakob Lorber

Briefwechsel zwischen Jesus Christus und Abgarus

Jakob Lorber

Briefwechsel zwischen Jesus Christus und Abgarus

Originaltext in neuer Rechtschreibung

Project True-blue Jakob Lorber

Bibliografische Information der Deutschen Nationalbibliothek

Die Deutsche Nationalbibliothek verzeichnet diese Publikation

in der Deutschen Nationalbibliografie, detaillierte bibliografische

Daten sind im Internet über http://dnb.dnb.de abrufbar

Herstellung und Verlag

BoD – Books on Demand, Norderstedt

ISBN 978-3-7528-1390-6

Vorwort

Abgarus V. Ukkama war König von Osrhoene, dem Gebiet um die Stadt Edessa in Mesopotamien, heute im Südosten der Türkei liegend. Er ist als der erste christliche König bekannt. Der spätantike Kirchenhistoriker Eusebius von Caesarea erwähnt am Ende des ersten Buches seiner Kirchengeschichte eine Korrespondenz zwischen Abgarus von Edessa und Jesus, die er in den Archiven der Stadt Edessa gefunden hatte, geschrieben in syrischer Sprache. Er veröffentlichte eine griechische Übersetzung der ersten beiden Briefe. Laut Eusebius soll Abgarus durch einen der siebzig Jünger (Lukas 10, 1–24), Thaddäus von Edessa, in der Lehre Jesu unterrichtet und geheilt worden sein. Daraufhin habe Thaddäus das Evangelium mit solcher Macht verkündet, dass ein großer Teil des Volkes sich bekehrte. In Edessa gab es schon vor dem Jahr 170 eine bedeutende christliche Gemeinde.

Über den neuzeitlichen Propheten Jakob Lorber (1800–1864) wurden mehrere verlorene oder stark verfälschte Schriften neu offenbart, darunter auch in den Jahren 1845/46 der vollständige Briefwechsel zwischen Jesus und Abgarus. Die ersten beiden Briefe waren im Mittelalter zwar populär und bekannt, aber weder Jakob Lorber noch seine Freunde hatten jemals von einem König Abgarus gehört.

In der syrischen Kirche galt der Briefwechsel zwischen Jesus und Abgarus als geschichtliche Tatsache. Die Doctrina Addai, ein Text des syrischen Christentums aus dem 4. Jahrhundert, enthält die ersten beiden Briefe und außerdem einen Bericht, dass ein Bote des Abgarus ein Bild von Jesus für seinen König angefertigt habe. Auch der im 6. Jahrhundert wirkende Kirchengeschichtsschreiber Evagrius erwähnt, Jesus habe ein Bild von Ihm mit Seiner Antwort an Abgarus mitgesendet. Jedem gebildeten Armenier ist der Briefwechsel Jesu mit Abgarus bekannt. Der im 5. Jahrhundert wirkende Moses von Choren, der bedeutendste armenische Geschichtsschreiber, hat diese wichtige Begebenheit festgehalten.

Die beiden von Eusebius überlieferten Briefe wurden schon 494 von Papst Gelasius I. als Fälschungen bezeichnet. Es handle sich um eine Erfindung eines edessenischen Christen, der dadurch seiner Gemeinde ein besonders hohes Alter zusprechen wollte. Obwohl dieser Papst keine wissenschaftliche Begründung für seine Beurteilung abgab und seine Amtszeit von stärkerer Betonung päpstlicher Autorität und Spannungen zwischen den Kirchen im Westen und Osten geprägt war, teilen etliche moderne Historiker seine Ansicht. Wie konnte Jesus Sich in Seiner Antwort auf Worte berufen, die Er erst nach Seiner Auferstehung gesprochen hat? Wie konnte Er sagen, eine Stelle sei von Ihm niedergeschrieben, da doch Johannes, bei dem sie sich befindet, damals schwerlich schon an die Verfassung eines Evangeliums gedacht haben mag? Warum wurde der Brief Jesu nicht in den Kanon der heiligen Schriften aufgenommen? Warum erwähnt ihn keiner der kirchlichen Schriftsteller der ersten drei Jahrhunderte? Wie konnte die Geschichte vom Bildnis Jesu 600 Jahre lang unbekannt bleiben?

Es sind dies die nörgelnden Einwände des Unglaubens von Personen, die nicht an die göttliche Voraussicht des Herrn glauben, obwohl diese aus den biblischen Evangelien leicht zu belegen ist, und dem „sonst zuverlässigen" Eusebius unterstellen, dass er beim Durchstöbern des Archivs in Edessa, 250 Jahre nach dem Briefwechsel, nicht zu beurteilen wusste, was echt und falsch war. Wir verdanken Eusebius viele kritische Bemerkungen über apokryphe (unechte) Schriften, aber er äußerte keinerlei Zweifel an der Echtheit des Briefwechsels. Wer sollte auch in dem kaum bekannten Edessa ein Interesse daran gehabt haben, Briefe zu erfinden und in einem Archiv zu verstecken? Und natürlich nahm das Konzil zu Rom unter Papst Gelasius, welches in der Geisteshaltung dieses Papstes den „letzten Schliff" an die biblische Reihenfolge legte, den Abgarusbriefwechsel nicht in die Schrift auf.

Die Neuoffenbarung des Briefwechsels zwischen Jesus und Abgarus, insgesamt aus vierzehn Briefen bestehend, bestätigt die Aussagen des apostolischen Christentums und des Eusebius. Ob Eusebius auch die restlichen Briefe kannte, wissen wir nicht. Wie hätte er auch alle alten Dokumente in seinen Büchern veröffentlichen können, ohne seine Kirchengeschichte zu sehr zu belasten? Deswegen wies er auf die Quelle hin, wo die Dokumente studiert werden konnten. Leider sind diese Dokumente inzwischen wohl verloren, entweder aufgrund von Kriegen oder weil Pergament nach einigen Jahrhunderten zerfällt. Ein Vergleich mit den geschichtlich überlieferten beiden ersten Briefen zeigt, dass der neu offenbarte Text mit dem griechischen Text weitgehend übereinstimmt, hingegen der Text der in syrischer Sprache verfassten Doctrina Addai ergänzende Satzteile aufweist. Auch die Berichte über die Existenz eines Bildes von Jesus werden durch die Neuoffenbarung als wahr bestätigt. Allerdings unterscheiden sich die Angaben zu dessen genauer Herstellung. Zusätzlich wird im ebenfalls über Jakob Lorber gegebenen Großen Evangelium Johannes über Abgarus und den Briefwechsel mit Jesus in Band 6, Kapitel 140 und Band 8, Kapitel 172 und 173 berichtet. Dort wird noch einiges mehr über Abgarus und seine Regierung erzählt.

Einen weiteren Beleg für die Echtheit des Briefwechsels bietet die katholische Mystikerin Anna Katharina Emmerich. Sie schildert in ihren Visionen (1822) das Eintreffen des Boten des Abgarus bei Jesus und wie dieser eine Antwort geschrieben habe. Sie erwähnt außerdem eine magisch-mystische Anfertigung jenes wahrheitsgetreuen Abbildes von Jesus, die der armenischen Schilderung folgt.[1] Wer die unterschiedlichen Angaben zur Entstehung des Bildes nachliest, wird zugeben müssen, dass die Schilderung der Neuoffenbarung über Jakob Lorber am glaubwürdigsten ist.

Der Text dieser Ausgabe wurde anhand der Erstausgabe aus dem Jahr 1851 überprüft, originalgetreu restauriert und in die neue Rechtschreibung übertragen. Details dazu finden Sie im Anhang. Der Erlös des Buchverkaufs wird für die Neuauflage weiterer Lorberwerke in überprüfter und originalgetreu restaurierter Fassung verwendet. Wenn Sie mehr über dieses Projekt erfahren möchten oder mithelfen wollen, besuchen Sie bitte die Website www.jakob-lorber.at

Wolfgang Burtscher

---

[1] Anna Katharina Emmerich: Das erste Lehrjahr Jesu, Christiana-Verlag, 1. Auflage (1997), 10. Kapitel (ab Seite 318), Brief des Königs Abgarus von Edessa – Jesus antwortet ihm

Kapitel 1

1. Abgarus, Fürst in Edessa, Jesu, dem guten Heiland (Arzt), der in dem Land um Jerusalem erschienen ist, alles Heil.

2. Ich habe von Dir gehört und von Deinen Gesundmachungen, wie Du sie ohne Arzneimittel und Kräuter verrichtest. Denn die Rede geht, dass Du die Blinden sehen machst, die Lahmen gehen, dass Du die Aussätzigen reinigst und die unreinen Geister austreibst und diejenigen heilst, die mit langwierigen Krankheiten kämpfen, und endlich sogar die Toten auferweckst.

3. Nachdem ich alle diese Dinge von Dir gehört habe, so habe ich demnach bei mir selbst geschlossen, eines von beidem müsse wahr sein: entweder Du seist Gott, vom Himmel herabgekommen – oder Du, der diese Dinge tut, seist doch zum Wenigsten ein Sohn des großen Gottes!

4. Ich ersuche Dich daher durch dieses Schreiben, Dich zu mir zu bemühen, um die Krankheit, die ich habe, zu heilen!

5. Ich habe auch gehört, dass die Juden wider Dich murren und Dir Böses zufügen wollen. – Ich aber habe eine zwar kleine, aber wohlgeordnete Stadt, welche für uns beide hinreichend sein wird. Daher komme Du, mein überaus hochgeachtetster Freund Jesus, zu mir und bleibe bei mir in meiner Stadt und in meinem Land; da sollst Du von jedermann auf Händen und im Herzen getragen sein. – Ich erwarte Dich mit der größten Sehnsucht meines Herzens!

6. Gesandt durch meinen treuesten Knecht Brachus.

Antwort des Herrn auf diesen Brief des Königs Abgarus.

7. Abgarus, du bist selig, weil du Mich nicht gesehen und doch an Mich geglaubt hast; denn siehe, es steht von Mir geschrieben, dass die, welche Mich gesehen haben, nicht an Mich glauben werden, auf dass die, welche Mich nicht gesehen haben, glauben und leben mögen in Ewigkeit!

8. Was aber das betrifft, darum du Mir schriebst, dass Ich solle zu dir kommen, da Ich hier im Judenland verfolgt werde, da sage Ich dir: Es ist nötig, dass alles das, um dessentwillen Ich gekommen bin in die Welt, an diesem Ort an Mir erfüllt werde und dass Ich, nachdem dieses alles in der Kürze an Mir erfüllt wird, zu Dem aufsteigen werde, von Dem Ich ausgegangen bin von Ewigkeit!

9. Sei aber geduldig in deiner leichten Krankheit. – So Ich aber in den Himmel werde aufgenommen sein, da werde Ich einen Jünger zu dir senden, damit er deine Krankheit heile und dir und allen, die bei dir sind, die wahre Gesundheit gebe!

10. Geschrieben durch Jacobum, einen Jünger des Herrn Jesu Christi, und übersandt durch Brachus, des Königs Boten aus der Gegend Genesareth.

11. Bald darauf, als Abgarus vom Herrn Jesu die überhimmlische Antwort erhielt, begab es sich, dass dieses Königs ältester Sohn und Thronfolger in eine tödliche Leibeskrankheit verfiel, zu der alle Ärzte in Edessa sagten, dass sie unheilbar ist. Das brachte den armen Abgarus nahe zur Verzweiflung. In solcher seiner übergroßen Betrübnis schrieb er diesen folgenden zweiten Brief (nächstes Kapitel d. Ed.) an den guten Heiland Jesus, welcher Brief also lautete:

Kapitel 2

1. Abgarus, ein armseliger Fürst in Edessa, Jesu, dem guten Heiland, der erschienen ist in dem Land um Jerusalem, alles Heil und alle Ehre Gottes!

2. O Jesu, Du guter Heiland! Siehe, mein ältester Sohn, der Thronerbe, der sich mit mir über die Maßen auf Deine Ankunft in meiner Stadt freute, ist todeskrank geworden; ein böses Fieber hat sich seiner bemächtigt und droht ihn in jedem Augenblick zu töten! – Ich aber weiß es, wie es mir der Bote beteuert hat, dass Du derlei Kranke ohne Arznei bloß durch Worte und Willen in die Ferne heilst! O Jesus, Du guter Heiland, Du wahrhaftiger Sohn des allerhöchsten Gottes, der Du sicher bist – lasse also meinen Sohn, der Dich so sehr liebt, dass er für Dich sogar In den Tod gehen möchte, wieder gesund werden durch Dein mächtiges Wort und Willen!

3. O Jesus, Du guter Heiland! Bescheide mich, der ich auch krank bin, nur diesmal nicht auf die Zeit nach Deiner mir verkündeten Himmelfahrt; sondern helfe, helfe, helfe sogleich meinem Sohn!

4. Geschrieben in meiner Stadt Edessa, übersandt durch den früheren getreuen Boten.

Darauf folgte folgende Antwort von Seite des Herrn Jesus; und diese Antwort lautete also:

5. Abgarus, groß ist dein Glaube, und darum könnte es mit dem Sohn wohl besser werden; aber da Ich bei dir habe Liebe gefunden, mehr als in Israel, so will Ich dir auch mehr tun, als so du nur allein geglaubt hättest.

6. Siehe, Ich, der Herr von Ewigkeit, nun ein Lehrer der Menschen und ein ewiger Befreier vom ewigen Tod, werde deinem Sohne das ewige Leben schenken vor Meiner Auffahrt, da er Mich ungesehen und ungekannt vor Meinem bevorstehenden Leiden für alle Menschen aus seinem ganzen Herzen geliebt hat. Und so wirst du, Mein lieber Abgarus, wohl deinen Sohn dem Leib nach verlieren in der Welt, aber dem Geist nach tausendfach gewinnen in Meinem ewigen Reich!

7. Glaube aber ja nicht, dass dein Sohn, so er sterben wird, im Ernst sterben wird! – Nein, nein; sondern wann er stirbt, da erst wird er erwachen vom Todesschlaf dieser Welt zum wahren, ewigen Leben in Meinem Reich, welches ist geistlich und nicht leiblich!

8. Darum lasse dich nicht betrüben in deiner Seele; denn sieh und schweig, Ich allein bin der Herr, und außer Mir ist keiner mehr; darum tue Ich frei, was Ich tue, und niemand kann zu Mir sagen: Tue das oder tue das nicht!

9. Was Ich aber nun tue und es zulasse, dass Ich wie ein schwacher Mensch verfolgt werde, das habe Ich schon ehedem vorgesehen, als noch die Erde gegründet war und eher, als Sonne, Mond und Sterne vom Himmel herab der Erde leuchteten! – Denn Ich ging darum aus von Meinem Vater, der in Mir ist, wie Ich in Ihm; der Vater aber ist das Höchste, denn Er ist Meine Liebe, Mein Wille; der Geist aber, der aus Mir und dem Vater geht, wirkend von Ewigkeit zu Ewigkeit, ist das Heiligste; und das alles bin Ich, der dir nun solches offenbart!

10. Darum betrübe dich nicht, da [du] nun weißt, wer Der ist, der dir nun solches veroffenbart hatte! Schweig jedoch bis dahin davon, da Ich werde am Pfahl erhöht werden vor den Juden, davon dir sobald Kunde wird; denn sonst würde die Welt vor der Zeit fallen!

11. In diesen Tagen aber wird ein armer Jüngling in deine Stadt kommen. Diesen nehme auf und tue ihm Gutes, so wirst du darob Mein Herz erfreuen, darum Ich deinem Sohn eine so große Gnade erweise und ihn ob seiner Liebe vor Mir dahin gehen lasse, da Ich hingehen werde nach der Erhöhung am Pfahl. – Amen.

12. Geschrieben zu Canä in Galiläa durch den Jünger Johannes und übersandt durch des Königs Boten.

Kapitel 3

1. Abgarus, ein kleiner Fürst in Edessa, Jesu, dem guten Heiland, der im Land um Jerusalem erschienen ist, alles Heil in Ewigkeit.

2. Aus Deinem herrlichen Gnadenbrief, den Du, o Herr, Herr Gott von Ewigkeit, mir bestaubtem Wurm vor diesem meinem jetzt an Dich gerichteten Schreiben allergnädigst zugesandt hast zu meinem und meines Sohnes übergroßem Trost, habe ich klarst ersehen, dass in Dir die höchste Liebe wohnen muss. Denn sonst wäre es rein unmöglich, dass Du, als der einige Herr aller Himmel wie dieser Erde, mir, einem Wurm vor Dir, meines Dich über alles liebenden Sohnes wohlgedenkend, einen so allmächtig wirkenden Trost hättest können zukommen lassen! – Ich kann Dir, o Herr, dafür doch wohl nichts anderes tun als, vor Deinem allerheiligsten Namen in den Staub meiner Nichtigkeit sinkend, Dir meinen und meines Sohnes Dank darbringen. Nimm diesen unsern heißesten Dank als ein Pfand unserer heißesten Liebe gnädigst an und gedenke unser allezeit in Deiner für mich unbegreiflichen Milde.

3. Meines sehr kranken Sohnes Liebe zu Dir hat mir ein liebes Begehren nach Dir vor ein paar Tagen kundgetan. Herr, vergebe es mir, so ich es Dir durch dieses Schreiben wieder kundtue! – Wohl weiß ich es, dass Dir unsere Gedanken schon eher bekannt sind, als ich und mein Sohn sie noch gedacht haben; aber dem ungeachtet schreibe ich Dir, als wie man einem Menschen schreibt, und tue das nach dem Rat jenes von Dir mir anempfohlenen armen jungen Menschen, der sich nun schon bei mir festgehalten befindet, der da mir sagte, dass ja jedermann so zu Dir kommen müsse, der von Dir etwas erhalten will!

4. Dieser junge Mensch gab vor, Dich gesehen zu haben. Er hat eine zwar sehr einfache, aber sonst, wie es mir vorkommt, sehr richtige und

treffende Darstellungsgabe. Dieser junge Mensch, seiner Fähigkeit zufolge mir sehr teuer, beschrieb uns jüngst zu unserer größten Freude Deine Gestalt auf eine so anschauliche Weise, dass ich und mein Sohn, der noch lebt, aber wohl schon höchst schwach ist, Dich förmlich zu sehen glaubten. In meiner Stadt aber lebt ein sehr großer Künstler in der Malerkunst. Dieser malte mir sogleich nach der Darstellung des jungen Menschen Deinen Kopf mit der Brust. Mich und meinen Sohn überraschte dieses Bild umso höchst erfreulicher, als mir der arme junge Mensch beteuerte, dass Du, o Herr, gerade also aussehest!

5. Darum aber habe ich nun auch diese Gelegenheit benützt, durch den treuen Überbringer dieses meines gebührenden Dankschreibens Dir Dein eigen Bild zu übersenden, auf dass Du es selbst besehen möchtest und mir dann kundtun durch den Boten, ob dieses Bild Dir wohl gleichsieht?

6. O Herr Jesus, Du guter Heiland aller Menschen, zürne uns ja nicht darob; denn nicht eine verächtliche Neugierde, nein, sondern reine, übergroße Liebe zu Dir trieb uns dazu, uns dies allerteuerste Kleinod unseres Herzens also anfertigen zu lassen, auf dass wir von Dir uns doch irgendeine Vorstellung machen können, der Du unsere Herzen bis in die tiefste Tiefe mit Deiner Liebe erfüllt hast und bist geworden unser größter Reichtum, unser größter Trost und unseres Herzens köstlichster Brautschmuck im Leben und im Tod!

7. O Herr, höre ja nimmer auf, unser in Deinem Herzen zu gedenken; Dein für uns heiliger Wille geschehe!

Antwort des Herrn Jesus an den König Abgarus, die erfolgt ist durch denselben Boten des Königs in zehn Tagen.

8. Meinen Segen, Meine Liebe und Meine Gnade dir, Mein geliebter Sohn Abgarus!

9. Ich sagte hier in Judäa wohl oft zu denen, denen Ich von allerlei Übeln des Leibes geholfen habe: Siehe, das hat dir dein Glaube getan! Aber noch keinen habe Ich gefragt: Liebst du Mich? Und noch keiner hat es Mir aus der Tiefe seines Herzens gesagt: Herr! Ich liebe Dich!

10. Du aber glaubtest lange schon zuvor, ohne Mich gesehen zu haben, dass Ich der Einige es bin, und nun liebst du Mich schon wie einer, der lange schon wiedergeboren wäre aus dem Feuer des Geistes.

11. O Abgarus! Abgarus! Wüsstest du und könntest du es fassen, wie sehr Ich dich darum liebe und welch eine große Freude du Meinem ewigen Vaterherzen machst, dich würde die zu große Seligkeit dessentwegen erdrücken, dass du nimmer leben könntest!

12. Sei aber standhaft bei allem, was du mit der Zeit von den bösen Juden von Mir hören wirst, die Mich bald in die Hände der Henker übergeben werden. So du aber das hören wirst und wirst dich nicht ärgern darob, so wirst du geistig nach deinem Sohn der Erste sein, der lebendigen Anteil an Meiner Auferstehung vom Tod haben wird.

13. Wahrlich, wahrlich sage Ich dir: Die da glauben Meiner Lehre, dass sie von Gott ist ausgegangen, die sollen auferweckt werden am jüngsten Tag, allda ein jeder sein rechtes Gericht finden wird. Aber die Mich wie du lieben, die werden den Tod nimmer schmecken; sondern wie schnell da ist der schnellste Gedanke, also schnell auch werden sie aus diesem Leben des Leibes in das allerhellste ewige Leben verklärt

werden und werden Wohnung nehmen bei Mir, ihrem Vater von Ewigkeit! – Solches behalte aber jedoch sorgfältig bei dir geheim, bis Ich werde auferstanden sein!

14. Dann aber wird alsbald ein Jünger zu dir kommen, wie Ich dir schon im ersten Brief verheißen habe, und wird, bis auf deinen Sohn, der vor Mir gehen wird ohne Schmerz in Mein Reich, dich und dein ganzes Haus gesund machen leiblich und geistlich.

15. Ob der Ähnlichkeit zwischen Meiner Außengestalt und deinem Mir durch deinen Boten zugesandten Bild wird dich dein Bote, der Mich nun schon zum dritten Mal sah, auf das getreueste benachrichtigen. Wer ein Bild in deiner Absicht von Mir will, dem sei es keine Sünde, denn da erduldet die Liebe ja alles. Aber wehe denen, die Mich zu einem Götzen gestalten werden. Halte aber auch das Bild geheim!

16. Geschrieben in Judäa durch Meiner Jünger einen, der Meinem Herzen nahe ist, und übersandt wieder durch denselben Boten.

17. Mein Heil deinem Hause. Amen.

Kapitel 4

Vierter Brief des Königs Abgarus an den Herrn, der sieben Wochen später als der dritte geschrieben ward.

1. Abgarus, ein kleiner Fürst in Edessa, Jesu, dem guten Heiland, der im Land um Jerusalem erschienen ist und nun verfolgt wird von einem Ende zum andern von den dummen, blinden Juden, die nicht erkennen das heilige Urlicht, die Sonne der Sonne in ihrer Mitte, alles Heil!

2. O Du mein guter Heiland Jesus! Nun ist geschehen in der Wirklichkeit an meinem lieben Sohn, das Du, o Herr, mir im zweiten Brief vorgesagt hast. Er ist vor ein paar Tagen gestorben und hat mich am Totenbett noch angelegentlichst mit vielen Tränen im Auge gebeten, ich möchte Dir mit diesem Schreiben seinen innigsten Dank ausdrücken dafür, dass Du ihn wirklich so ganz ohne Schmerzen und ganz ohne Furcht vor dem Tod des Leibes hast gnädigst dahinscheiden lassen.

3. Dein Bild hat er wohl bei tausend Mal an sein Herz gedrückt, und sein letztes Wort war: „O Du mein guter Vater Jesus! O Jesus, die ewige Liebe, der Du allein das wahre Leben bist von Ewigkeit! Du, der Du jetzt wie eines Menschen Sohn wandelst unter denen, die Deine Allmacht ins Dasein rief und ihnen Gestalt und Leben gab – Du allein, ja Du bist meine Liebe in Ewigkeit! – Ich lebe, ich lebe, ich lebe durch Dich in Dir ewig!!!"

4. Nach diesen Worten verschied mein lieber Sohn! Wohl wirst Du, o Herr, es wissen, dass da so das irdische Ende meines Sohnes war und dass ich und mein ganzes Haus viel geweint haben um ihn. Aber dennoch schreibe ich Dir dieses wie ein Mensch dem Menschen, dieweil es also mein sterbender Sohn vor seinem irdischen Ende sehnlichst gewünscht hatte.

5. O Herr, vergib mir armem Sünder vor Dir, so ich Dir nun schon durch ein viertes Schreiben zur Last werde und Dir, o Herr, vielleicht irgendeine Störung in Deinem allerheiligst wichtigsten Geschäft bewirke.

6. Schließlich wage ich noch die Bitte diesem Schreiben anzufügen, dass Du Deinen Trost mir nicht entziehen möchtest! Denn siehe, mich hat nun nach meinem Sohn dennoch eine große Traurigkeit befallen, der ich bei meinem festesten und wie möglich besten Willen nicht ledig werden kann. Daher bitte ich Dich, Du guter Heiland, Du bester Vater von Ewigkeit, Du wollest von diesem großen Schmerz mich frei machen, aber nicht mein, sondern Dein heiliger Wille geschehe!

Kurze Antwort des Herrn auf diesen Brief in griechischer Zunge, da die früheren in jüdischer Zunge abgefasst waren.

7. Mein geliebter Sohn und Bruder Abgarus! Was deinen Sohn betrifft, so weiß Ich alles, und es ist mir überaus lieb, dass es mit ihm ein so schönes Ende für diese Welt, aber einen noch bei weitem schöneren Anfang in Meinem Reich genommen hat.

8. Du aber tust wohl daran, so du um ihn ein wenig trauerst, denn siehe, der Guten gibt es wenige auf der Welt. Die aber da sind wie dein Sohn, die sind wohl einer Nachtrauer wert.

9. Siehe, auch Ich weine deinem Sohn eine köstliche Träne nach! – So ward alle Welt aus einer Träne aus Meinem Auge, und so wird der neue Himmel auch wieder gestaltet!

10. Ich sage dir, dass da gute Tränen von einem übergroßen Wert im Himmel sind. Denn mit diesen allerköstlichsten Juwelen wird der Himmel geziert in Ewigkeit. Aber mit bösen Hass-, Neid- und Zorntränen wird die Hölle in ihren Festen gestärkt.

11. Daher sei dir das der größte Trost, dass du trauerst um den Guten. Behalte aber diese Trauer noch eine Kürze, bis du nach Mir trauern wirst eine Kürze; dann wird dich Mein Jünger frei von allem machen.

12. Sei aber fortan sehr barmherzig, so wirst du auch eine große Erbarmung finden. Vergiss die Armen nicht; diese sind allzumal Meine Brüder, was du ihnen tust, das tust du Mir, und Ich werde es dir vergelten hundertfältig.

13. Suche das Große, das ist Mein Reich, so wird dir auch das Kleine dieser Welt zukommen; so du aber suchtest das Kleine, da könntest du des Großen nicht wert erachtet werden.

14. Du aber hast einen Verbrecher, der nach deinem weisen Gesetz den Tod verdient hat. Ich aber sage dir, Liebe und Erbarmung stehen höher denn Weisheit und Gerechtigkeit. Handle daher mit ihm nach der Liebe und nach der Erbarmung, so wirst du eins sein mit Mir und mit dem Vater, dem, der in Mir ist und von dem Ich ausgehe als Mensch dir gleich. Amen.

15. Von Mir Selbst geschrieben zu Kapharnaum und übersandt durch deinen Boten.

Kapitel 5

Der fünfte Brief des Königs Abgarus an den Herrn Jesus, um drei Wochen später, als die Antwort des Herrn auf den vierten Brief ankam.

1. Abgarus, ein kleiner Fürst in Edessa, Jesu, dem guten Heiland, der im Judenland um Jerusalem erschienen ist als das Urlicht, als die ewige Urkraft, die alles neu umschaffet – Himmel, Welten, Wesen – und nicht erkannt wird von den Ersten, die berufen sind, wohl aber von denen, die bereits Tausende von Jahren in der Finsternis schmachteten – alles Heil von uns Kindern der Nacht!

2. O Herr! Welcher Sterbliche kann wohl (fassen d. Ed.) die Größe Deiner Liebe zu uns Menschen, die wir nur Deine Geschöpfe sind, aus welcher Liebe Du nun alles neu gestalten willst, und willst aber dabei Selbst einen Weg wandeln, der nach meinen menschlichen Begriffen für Gott fast unmöglich und undenkbar zu sein scheint.

3. Bist Du auch hier auf dieser Erde, die Du mit einem Hauch verwehen könntest, als ein ganz einfacher Mensch unter den Menschen gegenwärtig, so regierst und erhältst Du aber aus Deinem innersten Gottwesen dennoch die ganze Unendlichkeit; und jeder Staub der Erde, jeder Tropfen im Meere, Sonne, Mond und alle zahllosen Sterne horchen der Allmachtstimme Deines Herzens, das da der ewige Mittelpunkt aller Dinge und Wesen in der ganzen Unendlichkeit ist.

4. O wie endlos selig müssen Deine Jünger sein, so sie Dich am hellsten Tag ihres Geistes nur so erkennen wie ich armer Sünder aus meiner Nacht!

5. O wäre ich nur nicht lahm an meinen Füßen, wie lange schon wäre ich bei Dir! So aber sind meine elenden Füße mir ein Hindernis zu meiner größten Seligkeit geworden. Aber das alles ertrage ich nun gerne, weil Du, o Herr, mich nur insoweit würdig befunden hast, mit mir armem, dummem Tropf brieflich zu reden und mich über so viele Wunderdinge zu belehren, über die man freilich wohl nur von Dir, o Herr, nie aber von einem Menschen belehrt werden kann.

6. Was wusste ich wohl früher von einem Leben nach dem Tod? – Alle Weisen der Welt hätten mir dieses Rätsel nicht enthüllt; denn all unsere Vielgötterlehre hat wohl eine dichterische Unsterblichkeit, die aber ebenso wenig der Wirklichkeit gleicht wie ein leerer Traum dem andern, in dem man bald auf dem Meer zu Fuß geht und fährt übers Land zu Schiff.

7. Du, o Herr, aber hast es mir im Wort und in der Tat gezeigt, wie nach dem Tod dieses unseres sehr gebrechlichen Leibes erst ein vollkommenstes, wahrhaftiges, freiestes Geistesleben seinen Anfang nimmt und nimmerdar verändert wird ewig.

8. Aus diesem Grund aber habe ich es mir nun auch zur unerlässlichen Aufgabe gemacht, Dir, o Herr, für diese endlos große Gnade durch dieses Schreiben meinen gebührendsten Dank darzubringen, der freilich gegen diese Deine endlos große Gnade in das reinste Nichts zerfällt.

9. Aber was, o Herr, konnte ich Dir auch geben, das Du mir nicht zuvor gegeben hättest!?

10. Ich denke, ein rechter Dank aus dem Herzen scheint mir noch das dem Menschen am meisten Eigenste zu sein, weil der Undank sicher sein volles Eigentum ist. Daher auch kann ich, o Herr, Dir nichts darbringen als eben meinen geringen Dank – aber dennoch mit der vollsten

Versicherung, dass ich nun bereit bin, in meinem kleinen Staat alles sogleich einzuführen, was Du, o Herr, mir gnädigst gebieten möchtest – also wie ich nach Deinem Wunsch den großen Staatsverbrecher nicht nur alsogleich aus dem Kerker heben, sondern ihn auch alsogleich in meine Schule und an meinen Tisch bringen ließ.

11. Ob ich daran recht getan habe oder habe da etwa nicht, wie man zu sagen pflegt, des Guten zu viel getan, das zu beurteilen reicht mein menschlicher Verstand nicht hin. Darum komme ich, o Herr, auch in diesem Stück zu Dir mit diesem Schreiben, dass Du mir darüber die rechte Weisung gnädigst erteilen möchtest.

12. Meine Liebe, meinen Dank und meinen kindlichsten Gehorsam Dir, o Herr Jesus, ganz allein; Dein Wille geschehe!

Ganz kurze Antwort des Herrn auf diesen Brief des Abgarus.

13. Höre du, Mein geliebter Sohn und Bruder Abgarus! Ich habe nun bei 72 Jünger, darunter zwölf Apostel; aber alle zusammen haben nicht solche Sehkraft wie du allein, der du ein Heide bist und Mich nie gesehen hast und nicht all die vielen Wunder seit Meiner Menschwerdung, seit Meiner Geburt.

14. Darum sei auch der besten Hoffnung; denn siehe, es wird geschehen, dass Ich den Kindern das Licht nehmen werde und werde es in der Fülle geben euch Heiden! Denn siehe, erst vor kurzem habe Ich unter den hier mitunter lebenden Heiden, Griechen und Römern Glauben gefunden, desgleichen in ganz Israel nicht anzutreffen ist. Liebe und Demut aber sind nun unter den Juden ganz fremde Eigenschaften des menschlichen Herzens geworden, während Ich sie nicht selten unter euch im Vollmaß antreffe.

15. Siehe, darum werde Ich es den Kindern nehmen und werde es euch geben, das ist all Mein Reich zeitlich und ewig; die Kinder aber sollen sich nähren vom Unflat der Welt.

16. Du möchtest Meinen Willen in deinem Staat zum Gesetz machen. – Das wird sich vorderhand noch nicht tun, denn siehe, es gehört zu allem eine gewisse Reife. Aber Mein Gesetz ist nichts als Liebe. Willst du schon in deinem Staat etwas von Mir einführen, so führe dieses Gesetz ein, dann wirst du mit Meinem Willen ein leichtes Werk haben. Denn siehe, Mein Wille und Mein Gesetz sind so vollends eins, wie da Ich und der Vater vollends eins sind.

17. Freilich liegt dann in Meinem Willen noch so manches, was du nun nicht fassen könntest. Wenn aber Mein Jünger zu dir kommen wird, der wird dich in alles leiten. Und so du durch ihn auf Meinen Namen getauft wirst, dann wird der Geist Gottes über dich kommen und wird dich selbst in allen Dingen unterweisen.

18. Mit dem Verbrecher hast du vollends recht getan. Denn siehe, Ich tue mit euch Heiden ja dasselbe. Deine Tat aber sei dir eben ein guter Spiegel dessen, das Ich schon tue und später in der Fülle tun werde.

19. Das zu deiner Ruhe und zu deinem Segen. Amen.

Kapitel 6

Sechster Brief des Königs Abgarus, den er zehn Wochen später an den Herrn geschrieben hat.

1. Abgarus, ein kleiner Fürst in Edessa, Jesu, dem guten Heiland, alles Heil, der um Jerusalem erschienen ist, ein Heil allen Völkern, die eines guten Herzens sind und haben den rechten Willen, nach Seinem Wort ihr Leben einzurichten.

2. O Herr, vergib mir meine große Dreistigkeit und mein schon wahrhaft unverschämtes Zudringen zu Dir. Aber Du weißt es ja, dass gute Ärzte bei den Menschen stets in größtem Ansehen gestanden sind, weil sie allezeit noch in den Dingen der Natur die sichersten Kenntnisse besaßen, darum sich bei großen Erscheinungen in der Natur jedermann gerne an sie wendete, um von ihnen einen wennschon matten Aufschluss zu erhalten.

3. Um wie endlos höher über alle naturkundigen Ärzte der Welt stehst Du in meinen Augen, der Du nicht nur Arzt in allen Dingen, sondern auch zugleich Schöpfer und Herr aller Natur bist von Ewigkeit!!! Dir kann ich daher nun ganz allein meine gegenwärtige sonderbare Staatsnot vortragen und Dich dann aus aller Tiefe meines Herzens um die gnädige Abwendung dieser sonderbaren Not anflehen.

4. Siehe, wie Du es sicher vom Grunde schon lange weißt, ist vor zehn Tagen hier ein kleines Erdbeben verspürt worden, welches, Dir ewig Dank, ohne besondere Spuren vorüberging. Ein paar Tage nach diesem Erdbeben fing alles Wasser an, trüb zu werden, und jeder Mensch, der das Wasser trank, bekam Kopfschmerzen und ward darauf ganz unsinnig!

5. Ich gab da sogleich ein strenges Gebot heraus, dass da niemand in meinem ganzen Land das Wasser so lange gebrauchen darf, bis ich es wieder zu gebrauchen gebieten werde. Unter der Zeit aber sollen alle meine Staatsbürger zu mir nach Edessa kommen, allwo sie Wein und Wasser unterdessen bekommen werden, das ich nun für den Zweck auf großen Schiffen eigens von einer ziemlich entfernten griechischen Insel holen lasse.

6. Ich glaube, weil mich zu dieser Handlung rein nur die Liebe zu meinem Volk und die wahrste Erbarmung über dasselbe antrieb, keine schlechte Tat begangen zu haben. Darum bitte ich Dich, o Herr, in aller Demut und Zerknirschtheit meines Herzens, Du wollest mir und meinem Volk aus dieser Not helfen!

7. Denn siehe, es will sich das Wasser nicht klären, und dessen tolle Wirkung ist stets die gleiche. O Herr, ich weiß, dass Dir alle guten und bösen Kräfte und Mächte untertan sind und müssen weichen Deinem Wink; daher bitte ich Dich, Du wollest Dich gnädigst meiner erbarmen und mich wegen des armen Volkes befreien von dieser Plage. Dein göttlicher heiliger Wille geschehe!

* * *

8. Als der Herr diesen Brief gelesen hatte, erregte Er Sich tief in Seinem Innern und sprach laut wie ein Donner: „O Satana, Satana! Wie lange willst du Gott, deinen Herrn, noch versuchen!? Was tat dir, du ärgste Schlange, dies arme, gute Völklein, dass du es also scheußlich plagst?

9. Auf dass du wieder erfahrest, dass Ich dein Herr es bin, so habe es in diesem Land von diesem Augenblick an ein Ende mit deiner Bosheit. Amen.

10. Hast du dir einst nicht bloß der Menschen Fleisch bedungen, es zu proben, das Ich dir gestattete wie bei Hiob; was machst du mit Meiner Erde?! – Hast du Mut, so greife Mich an; aber Meine Erde und die Menschen, die Mich in ihren Herzen tragen, lasse in der Ruhe bis zur Zeit, die Ich dir zur allerletzten Freiheitsprobe gönnen werde."

Nach dieser Exklamation (Ausruf d. Ed.) erst hieß Er einen Jünger folgende Worte an den Abgarus richten, die also lauteten:

11. Mein lieber Sohn und Bruder Abgarus! Diesen argen Streich hat dir nicht dein Feind, sondern allein Mein Feind gespielt; du jedoch kennst diesen Feind nicht; Ich aber kenne ihn schon gar lange.

12. Dieser Mein Feind ist der alte unsichtbare Fürst dieser Welt und hatte bisher eine große Macht nicht nur auf dieser Erde, die sein Haus ist, sondern auch in den Sternen. Allein seine Macht wird nur noch eine kurze Zeit dauern, und bald wird der Fürst dieser Welt geschlagen werden.

13. Du aber fürchte ihn nimmerdar; denn für dich und dein Volk habe Ich ihn nun geschlagen. Gebrauche daher nun ganz ruhig das Wasser deines Landes, denn es ist in diesem Augenblick rein und gesund geworden.

14. Siehe, dieweil du Mich liebst, ist dir Arges begegnet. Weil aber deine Liebe zu Mir mächtiger ward in der Bedrängnis, so hat deine Liebe gesiegt über alle Macht der Hölle, und du bist nun für allezeit frei vor solchen höllischen Ausgeburten!

15. Daher wird es kommen, dass der Glaube großen Versuchungen preisgegeben wird und wird durch Feuer und Wasser wandeln müssen.

Aber das Feuer der Liebe wird das Glaubensprobefeuer ersticken und das Wasser mit seiner Allgewalt verdampfen.

16. Wie es aber nun deinem Land natürlich ergangen ist, so wird es dereinst vielen aus Meiner Lehre ergehen geistig; sie werden auch sehr unsinnig werden, die aus den Pfützen der falschen Propheten trinken werden.

17. Meine Liebe, Meinen Segen und Meine Gnade dir, Mein Bruder Abgarus. Amen.

Kapitel 7

Siebter und letzter Brief des Königs Abgarus an den Herrn Jesu, den er neun Wochen nach dem Empfang der sechsten Antwort an den Herrn schrieb und der fünf Tage vor dem Einzug in Jerusalem an den Herrn gelangte.

1. Abgarus, ein kleiner Fürst in Edessa, Jesu, dem guten Heiland, alles Heil, der erschienen ist in der Gegend um Jerusalem, ein Heil allen Völkern, ein Herr und ein gesalbter König von Ewigkeit, ein Gott aller Kreatur, aller Menschen und aller Götter, der guten wie der bösen!

2. O mein Gott, o mein Herr, o Du alleiniger Erfüller meines Herzens und vollster Inbegriff aller meiner Gedanken! Ich weiß es zwar wohl schon aus Deinem ersten gnädigsten Brief an mich, dass mit Dir nach Deinem eigenen unbegreiflichen Ratschluss das alles geschehen muss, das eben die jerusalemitischen Juden mit Dir vorhaben.

3. Ich kann es mir wohl auch dunkel vorstellen, dass das alles schon so wird sein müssen. Aber dass sich mein Dich nun über alles liebendes Herz gegen das sträubet, von meiner menschlichen Seite betrachtet, das wirst Du, o Herr, sicher noch besser einsehen als ich, ein schwacher Mensch. Dass ich aber vollen Grund habe, Dir, o Herr, solches zu berichten, wird die Folge zeigen im Verlauf dieses meines Schreibens.

4. Siehe, ich als ein römischer Vasall, ein naher Verwandter Tiberii (Tiberius d. Ed.), der da Kaiser (Cäsar) in Rom ist, habe auch in Jerusalem meine römischen getreuen Beobachter, die besonders ein scharfes Auge auf das dortige überaus hochmütige Priestertum haben. Diese meine Beobachter haben mir genau berichtet, was diese stolzen, übermütigen Priester und Pharisäer mit Dir vorhaben.

5. Sie wollen Dich nicht nur nach ihrer Art steinigen oder verbrennen; nein, das ist ihnen viel zu wenig, sondern sie wollen an Dir ein Exempel der allerunmenschlichsten Grausamkeit statuieren! – Höre, o Herr! Diese Bestien in Menschengestalt wollen Dich an das Kreuz mit scharfen Nägeln heften lassen und Dich so lange daran hängen lassen, bis Du langsam vor den ungeheuersten Schmerzen stürbest am Schandpfahl, und dieses Meisterstück menschlicher Bosheit wollen sie an diesem bald kommenden Osterfest ausführen!

6. Herr, sei es, wie es wolle; aber mich hat es bis ins Innerste empört! Ich weiß, wie diese rein sinnlichen und herrschsüchtigen Bestien Dich gar nicht darum töten wollen, weil Du Dich als ihren verheißenen Messias ausgibst vor dem Volk. O das würde diese priesterliche Hyänenbrut wenig kümmern; denn ich weiß es nur zu gut, dass sie bei sich weder an einen Gott noch viel weniger an Dich glauben und machen sich unter sich aus einer Gotteslästerung wenig daraus.

7. Aber sie haben einen ganz anderen Plan. Siehe, diese Bestien wissen, dass sie von Rom ihrer geheimen Konspirationen wegen mit allen Argusaugen beobachtet werden. Und der sehr scharfsüchtige (scharfrichterliche d. Ed.) Pilatus hat einen solchen hohepriesterlichen Aufstandsversuch, so fein er auch angelegt war, schon im vorigen Jahr genau durchschaut und hat, wie Du es weißt, bei fünfhundert Arme und auch Wohlhabende, zumeist leider Galiläer, vor dem Vorhof ergreifen und sogleich enthaupten lassen, wodurch er sich freilich die Feindschaft des Herodes zuzog, da das meistens seine Untertanen getroffen hat.

8. Dieses Beispiel wirkte stark erschütternd auf die Gemüter der Templer. Um die lästige Scharte auszuwetzen, haben sie nun Dich ausersehen, wollen Dich als einen Staatsrebellen beim Pontius anklagen und Dich auch als den Haupträdelsführer des vorjährigen Aufstandes

bezeichnen, um sich auf diese Art vor dem römischen Hof weißzuwaschen und dadurch Roms lästige Argusaugen von sich abzuwenden, um dann wieder leichter ihre Hochverratspläne zu schmieden, was ihnen aber auf keinen Fall gelingen wird. Du siehst es ohne dies mein Schreiben auch, und endlos besser, dass sie von Rom aus auf ein Haar durchschaut sind.

9. Willst Du, o Herr, einen Dienst von mir, Deinem innigsten Freunde und Anbeter, so sende ich darob sogleich Eilboten nach Rom und an Pontius, und ich stehe Dir dafür, dass diese Bestien in gleicher Zeit in dieselbe Grube fallen werden, die sie Dir bereitet haben!

10. Doch da ich Dich, o Herr, nur zu wohl kenne und wohl weiß, dass Du keines Menschen Rates bedarfst, so wirst Du wohl tun, was Dich am besten deucht. Ich als Mensch aber habe das als eine meiner ersten Pflichten angesehen, Dir die Sache also getreu kundzugeben, wie sie sich auf ein Haar also und nicht anders verhält, verbunden mit meinem innigsten Dank für Deine Gnade, die Du mir und meinem Volk erwiesen hast!

11. O Herr, lasse mich wissen, was ich hier für Dich tun soll! – Dein allzeit heiliger Wille geschehe!

Ganz kurze Antwort des Herrn.

12. Höre, Mein geliebter Sohn und Bruder Abgarus, es verhält sich richtig alles genau also, wie du Mich nun benachrichtigt hast; aber dessen ungeachtet muss mit Mir alles also geschehen, weil sonst kein Mensch ewig je das ewige Leben erreichen könnte, was du jetzt freilich nicht einsiehst, aber in der Kürze dieses große Geheimnis einsehen wirst.

13. Daher lasse vorderhand deine Mir freundlichst dargebotenen Schritte für Meine Rechtfertigung. Denn sie würden da wenig fruchten, wo des Vaters ewige Macht waltet, der in Mir ist und Ich als ein Mensch von Ihm ausgegangen bin.

14. Darum erschrecke dich Mein Kreuz ja nicht, an das Ich geheftet werde; denn siehe, gerade dieses Kreuz soll für alle künftigen Zeiten der Grundstein zum Reich Gottes und zugleich die Pforte in dasselbe werden!

15. Ich aber werde nur durch drei Tage lang dem Leib nach tot sein. Am dritten Tag aber werde ich dann als ein ewiger Überwinder des Todes und der Hölle wieder vom Tod in Jerusalem auferstehen und Mein allmächtiges Gericht wird treffen all die Täter des Übels.

16. Für die aber, die Meines Herzens sind, werde Ich dann die Pforte der Himmel weit auftun vor ihren Augen.

17. Wenn du aber in wenigen Tagen wirst am Tag die Sonne ganz verfinstert erschauen, dann denke, dass Ich, dein größter Freund und Bruder, am Kreuz gestorben bin! – Erschrecke aber nicht darob; denn das alles muss so kommen, und den Meinen wird dennoch kein Haar gekrümmt werden.

18. Wann Ich aber auferstehen werde, in dem Augenblick sollst du ein Wahrzeichen bekommen, daran du Meine Auferstehung sogleich erkennen wirst.

19. Meine Liebe, Gnade, Mein Segen mit dir, Mein lieber Bruder Abgarus. Amen.

Über diese Edition

Der Text dieser Edition entspricht dem der Erstausgabe von 1851. Angepasst wurde lediglich die Rechtschreibung.

Bei der Überprüfung des Textes wurden folgende inhaltliche Unterschiede zur 10. Auflage (1994) des Lorber Verlages festgestellt (neue Nummerierung in runden Klammern):

[1.5] (1.11) Bald darauf, als Abgarus vom Herrn Jesus diese überhimmlische Antwort erhalten hatte, begab es sich, daß dieses Königs ältester Sohn und Thronfolger in eine tödliche <u>Fieberkrankheit</u> [Erstausgabe: <u>Leibeskrankheit</u>] verfiel, zu der alle Ärzte in Edessa sagten, daß sie unheilbar sei.

[2.6] (2.10) Schweige jedoch davon bis dahin, da Ich werde am Pfahle erhöht werden <u>von</u> [Erstausgabe: <u>vor</u>] den Juden, davon dir sobald Kunde wird, als es geschehen wird, denn sonst würde die Welt vor der Zeit fallen!

[3.3] (3.3) Aber demungeachtet schreibe ich Dir, wie man einem Menschen schreibt, und tue das nach dem Rate jenes von Dir mir anempfohlenen armen jungen Menschen, der sich nun schon bei mir, <u>bestgehalten,</u> [Erstausgabe: <u>festgehalten</u> (aufhaltend)] befindet, der da mir sagte, daß ja jedermann so zu Dir kommen müsse, der von Dir etwas erhalten will.

[4.8] (4.14) Du aber hast <u>[in deinem Gefängnisse]</u> einen Verbrecher, der nach deinem weisen Gesetze den Tod verdient hat. Ich aber sage dir, Liebe und Erbarmung stehen höher denn Weisheit und Gerechtigkeit! Handle daher mit ihm nach der Liebe und nach der Erbarmung, so wirst du eins sein mit Mir und mit <u>Dem,</u> [Erstausgabe: <u>dem Vater, dem,</u>] der in Mir ist und von dem Ich ausgehe als Mensch dir gleich.

Im Text der Erstausgabe fehlt die Anmerkung „in deinem Gefängnisse" in Klammern. Erst im folgenden Brief wird von Abgarus geschrieben, dass der Verbrecher im Kerker festgehalten wurde.

[5.2] (5.14) Darum aber sei auch der besten Hoffnung; denn siehe, es wird geschehen, [<u>und es ist schon geschehen,</u>] daß Ich den Kindern das Licht nehmen werde und werde es in der Fülle geben euch Heiden!

Die Einfügung „und es ist schon geschehen" findet sich nicht in der Erstausgabe.

[7.7] (7.7) Und der sehr <u>scharfsichtige</u> [Erstausgabe: <u>scharfsüchtige</u> (sehr strenger Richter)] Pilatus hat einen solchen hohepriesterlichen Aufstandsversuch, so fein er auch angelegt war, schon im vorigen Jahre genau durchschaut und hat, wie Du es weißt, bei fünfhundert Arme und auch Wohlhabende, zumeist leider Galiläer, vor dem Vorhofe am Feste ergreifen und sogleich enthaupten lassen, wodurch er sich freilich die Feindschaft des Herodes zuzog, da das meistens seine Untertanen getroffen hat.

[7.8] (7.8) Um die lästige Scharte auszuwetzen, haben sie nun Dich ausersehen, wollen Dich als einen Staatsrebellen beim Pontius anklagen und Dich auch als den Hauptträdelsführer des vorjährigen Aufstandes bezeichnen, um sich auf diese Art vor dem römischen Hofe [<u>wieder</u>] weiß zu waschen und dadurch Roms lästige Argusaugen von sich abzuwenden, um dann wieder leichter ihre Hochverratspläne zu schmieden, was ihnen aber auf keinen Fall gelingen wird.

„Wieder" wurde eingefügt. Die Templer waren aber Rom schwerlich je unverdächtig, wie sich aus dem vorherigen Vers ergibt.

Den Originaltext der Erstausgabe in ursprünglicher Rechtschreibung finden Sie unter www.jakob-lorber.cc